I Segreti Della Psicologia Oscura

Benefici ed Effetti della Psicologia Oscura.
Tecniche di Manipolazione e Controllo
Mentale.

DANIEL ROBINSON

3

Inoltre, le informazioni che si possono trovare all'interno delle pagine descritte qui di seguito devono essere considerate accurate e veritiere quando si tratta di raccontare i fatti. Come tale, qualsiasi uso, corretto o scorretto, delle informazioni fornite renderà l'editore libero da responsabilità per quanto riguarda le azioni intraprese al di fuori della sua diretta competenza. Indipendentemente da ciò, non ci sono scenari in cui l'autore originale o l'editore possono essere ritenuti responsabili in qualsiasi modo per eventuali danni o difficoltà che possono derivare da una qualsiasi delle informazioni qui discusse.

Inoltre, le informazioni nelle pagine seguenti sono intese solo per scopi informativi e dovrebbero quindi essere considerate come universali. Come si addice alla sua natura, sono presentate senza assicurazione riguardo alla loro validità prolungata o qualità provvisoria. I marchi di fabbrica che sono menzionati sono fatti senza consenso scritto e non possono in alcun modo essere considerati un'approvazione da parte del titolare del marchio.

Indice

I SEGRETI DELLA PSICOLOGIA OSCURA

Introduzione

Congratulazioni per aver acquistato *I Segreti della Psicologia Oscura* e grazie per averlo fatto.

Vi siete mai chiesti perché alcune delle persone più insidiose del pianeta sono in qualche modo in grado di convincere tutti a soddisfare ogni loro capriccio? Pensate ai serial killer come Ted Bundy: si credeva comunemente che fosse un giovane bello e carismatico, capace di conquistare rapidamente e facilmente il favore degli altri in modo quasi naturale, eppure dietro le quinte era uno stupratore seriale e un assassino di almeno 30 omicidi in un periodo di 4 anni. Come ha fatto? Come è stato in grado di passare inosservato davanti a così tante persone per così tanto tempo?

La risposta è attraverso la psicologia oscura.

Molti dei tipi di personalità più oscuri là fuori sono abbastanza capaci di sembrare affascinanti e affabili, solo per nascondere il mostro sotto la loro maschera. Questo è un metodo che usano per attirare le altre persone, vittimizzando coloro che osano cedere al loro fascino. La psicologia oscura scava in questi tipi di personalità, studiando le motivazioni sottostanti ai comportamenti in questione. Questo non serve solo per capire a cosa fare attenzione quando si è nel mondo reale - quando si impara a capire le menti di coloro che hanno personalità oscure, si può iniziare a rivendicare i loro modi di pensare.

La psicologia oscura è uno studio delle persone con queste personalità oscure, ma anche uno studio delle tattiche che vengono usate, perché funzionano e come possono essere adattate. Si possono usare diverse di queste tattiche senza diventare abusivi o usarle in modo dannoso. E se tu fossi in grado di trovare il modo di apparire affascinante e persuasivo agli altri, e usassi questi poteri per aiutare te stesso e gli altri? Forse tu, essendo carismatico e particolarmente abile nell'influenzare, saresti in grado di diventare un potente leader all'interno di un'azienda - potresti usare i poteri della psicologia oscura per tenere alto il morale, mantenere le persone motivate, e assicurarti che gli altri siano felici e disposti ad andare avanti. Saresti in grado di trovare sempre il modo perfetto per convincere le altre persone ad andare avanti. Saresti in grado di assicurarti che tutte le persone sotto la tua responsabilità siano felici di aiutare. Ti troveresti a gestire un'attività di particolare successo.

Questo libro vi guiderà attraverso una panoramica della psicologia oscura, permettendovi di conoscere i tipi di personalità oscura e come funzionano.
Ci sono molti libri su questo argomento sul mercato, grazie ancora per aver scelto questo! Ogni sforzo è stato fatto per garantire che sia pieno di informazioni il più possibile utili; godetevelo!

Capitolo 1: La Psicologia Oscura

La psicologia alla sua radice è qualcosa che è relativamente semplice da definire: è lo studio scientifico della mente. Copre diversi aspetti, esaminando relazioni, comportamenti, processi di pensiero e altro. Quando ci si occupa di psicologia, si cerca il perché e il come di qualsiasi processo umano, essenzialmente dal lato mentale. Si può guardare ai processi neurobiologici, come ciò che accade all'interno del cervello quando controlla attivamente il corpo, o si può guardare al perché quel bambino di 5 anni al negozio di alimentari ha avuto un enorme crollo quando gli è stato detto di no alle caramelle. Studia tutto questo e altro ancora, ma essenzialmente, è lo studio di chi siamo come specie e come individuo. Studia ciò che facciamo, ciò che ci guida e ciò che ci causa problemi. Spiega le emozioni e come funzionano e aiutano l'uomo ad agire. Spiega perché alcune persone cedono alla pressione, ma altre no. Spiega perché l'empatia è così importante.

In definitiva, la psicologia esiste in diverse classificazioni. Alcune persone sono interessate solo all'aspetto fisico, mentre altre si preoccupano dello sviluppo. Altri ancora sono interessati alle divergenze tra il tipico sviluppo psicologico e gli sviluppi delle persone che possono diventare particolarmente difficili da vivere. Ha diversi usi, sia pratici che semplicemente intellettuali: se si capisce la psicologia umana, si è in grado di vedere e prevedere come si comporteranno le persone. Conoscendo queste tendenze, si può capire con precisione cosa succederà e imparare a usare queste tendenze a proprio vantaggio.

Definizione di psicologia oscura

La psicologia oscura, in particolare, esaminerà specificamente le persone che hanno un tipo di personalità molto specifico. In particolare, stiamo guardando coloro che sono machiavellici, narcisisti, sadici e psicopatici.

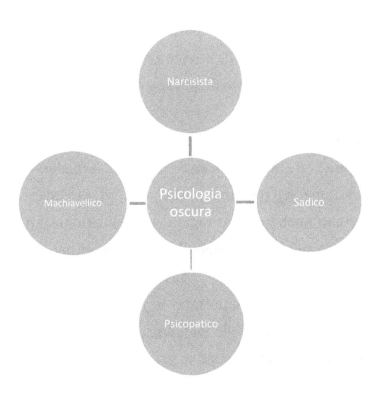

Queste persone tendono ad essere tra le più pericolose che si possano incontrare, e non si fanno scrupoli ad usare e abusare di altre persone. Tuttavia, c'è molto da imparare da questo tipo di personalità: se si riesce a capire questo tipo di personalità e le tattiche che sono comunemente usate, si sarà in grado di emularle senza la minaccia o il danno che altrimenti potrebbe accompagnarle.

In particolare, questo libro esaminerà i comportamenti di coloro che hanno tipi di personalità oscura. Dedicheremo il capitolo 2 allo studio specifico del lato oscuro della psicologia, studiando quali sono questi particolari tratti di personalità e come si presentano. Da lì, il resto del libro sarà dedicato allo studio del comportamento di questi specifici tipi di personalità.

La psicologia oscura presuppone che quando le persone si comportano in modo abusivo, usando tecniche come la manipolazione e l'inganno, quasi sempre c'è una ragione. Guarderemo anche queste ragioni e applicazioni, imparando cos'è che rende questi strumenti così attraenti per i mostri in abiti umani che sono disposti a brandirli. Vedrete esattamente perché le persone si comportano in modi che sono abusivi o malvagi, come arrivano alla realizzazione che giustifica l'abuso nella loro mente, e come sono in grado di superare l'empatia e la compassione che di solito impedisce alle persone di comportarsi in tali modi abusivi.

Esamineremo alcune delle tecniche più comunemente usate dai tipi di personalità violente, e da lì, passeremo il tempo a discutere come alcune di esse possano essere usate in un contesto più ampio, consentendone l'uso durante le interazioni quotidiane. Invece di manipolare qualcuno per abusarne, si può esaminare come usare le stesse abilità per aiutare a persuadere e guidare le persone verso qualsiasi cosa debbano fare.

Esamineremo anche come queste particolari tattiche hanno un impatto sulla persona che le subisce. Alcune di queste tecniche lavorano attraverso l'impianto di sentimenti in altre persone, sapendo che le emozioni sono incredibilmente motivanti. Altre lavorano attraverso l'accesso alla mente inconscia, suggerendo certi comportamenti. Altre ancora lavorano attraverso atti di inganno.

Comprendere la psicologia oscura non solo vi permetterà di capire le azioni di tipi di personalità come il narcisista, il machiavellico e lo psicopatico, ma anche di essere in grado di combatterla. Sarete in grado di evitare di cadere nelle loro tattiche se sapete quali sono. Questo significa che imparare a pensare come i tipi di personalità più oscuri è imperativo - quando puoi pensare come loro, puoi identificarli.

La storia della psicologia oscura

Tradizionalmente considerata un campo della psicologia applicata, la psicologia oscura inizia con lo studio della triade oscura o lo studio della manipolazione. Considerando che i tipi di personalità oscura sono esistiti per tutto il tempo che la storia può registrare, non sorprende che coloro che sono interessati a comprendere questi tipi oscuri siano stati sparsi anche nella storia. In particolare, è possibile trovare prove di studi sulla manipolazione e l'abuso in quasi tutte le culture del mondo. Gli esseri umani hanno sempre vittimizzato altri esseri umani finché sono stati in grado di farlo. Si può leggere nei libri di storia di come le persone erano solite prendere schiavi, distruggere altre città e villaggi, e rubare.

In definitiva, fino a tempi relativamente recenti nella storia, i tentativi di manipolare e controllare altre persone erano comuni, ma non particolarmente controllati o registrati. Accadeva regolarmente, ma senza una guida adeguata e una registrazione che permettesse di tracciarlo. Dopo tutto, anche i testi religiosi fanno riferimento alla manipolazione, come ad esempio il riferimento ad Eva ingannata dal serpente.

Nella psicologia vera e propria, ci sono stati studi per determinare come le stimolazioni di qualsiasi tipo possono cambiare i comportamenti. Questi hanno studiato aspetti come il fatto che la paura possa essere condizionata e appresa, o se l'aggiunta di certe situazioni o parole possa convincere le persone ad agire in certi modi.

Forse una delle prime testimonianze sul controllo dei comportamenti altrui risale al 1897 con lo studio di Ivan Pavlov sui cani e il loro comportamento. Imparò che alcuni comportamenti dei cani sembrano essere innati, come la salivazione in risposta al cibo. Imparò anche che i comportamenti innati possono essere collegati ad altri stimoli. Invece di far salivare il cane al cibo, per esempio, condizionò i cani a salivare al suono di una campana attraverso quello che alla fine fu chiamato condizionamento classico.

Nel condizionamento classico, si è in grado di prendere risposte incondizionate e provocarle con stimoli incondizionati. Il cibo è lo stimolo incondizionato, e in risposta alla sua vista, il cane saliverà. Questo stimolo incondizionato viene accoppiato con uno stimolo condizionato, e nel tempo si vedrà che la risposta incondizionata si verifica quando si è esposti allo stimolo condizionato.

Il concetto di condizionamento classico fu fortemente sostenuto dallo psicologo John Watson, che dichiarò di credere che il condizionamento classico fosse coinvolto in tutti gli aspetti dello sviluppo umano e della psicologia. Ha spinto il punto nel

1920 in un esperimento durante il quale ha condizionato un bambino di 9 mesi a temere qualsiasi cosa bianca e sfocata.

In particolare, durante questo esperimento, un bambino chiamato Little Albert ha avuto accesso a diversi animali bianchi in un ambiente neutro. Gli furono mostrati un ratto, un coniglio, una scimmia e diversi altri oggetti. All'inizio, il piccolo Albert non aveva paura di nessuno di loro. Non aveva paura di ciò che vedeva davanti a sé. Alla fine, il ratto bianco fu presentato, insieme all'improvviso forte colpo di un martello su una barra d'acciaio proprio dietro la sua testa. Mentre il ratto in sé non era inquietante per il bambino, il suono lo era, e lui piangeva. Da 11 mesi in poi, è stato esposto al ratto con il forte rumore una volta alla settimana per sette settimane.

Naturalmente, il bambino piangeva ogni volta. Dopo le sette settimane, tutto ciò che i ricercatori dovevano fare per scatenare il crollo era mostrargli il ratto in questione. Alla vista del ratto, anche senza il rumore, piangeva per la paura e tentava di fuggire. E non è tutto: il piccolo Albert divenne fobico di tutto ciò che era bianco e peloso. Che fosse un cane bianco, un pezzo di cotone idrofilo o anche Babbo Natale, la vista di qualcosa di bianco e peloso era sufficiente a mandarlo nel panico. Mentre questa risposta comportamentale si affievoliva un po' nel tempo senza rinforzi, era ancora prontamente innescata dalla ripetizione della creazione del suono forte che andava insieme al topo.

Questo diventa un fondamento per molte forme diverse di manipolazione e influenza. Vedrete questo concetto emergere ripetutamente quando guardate la programmazione neuro-linguistica, durante la quale vedrete ciò che viene chiamato ancoraggio, una tecnica per innescare un certo comportamento con una specifica risposta emotiva. Può essere rilevante anche nella manipolazione emozionale.

Dopo la scoperta e la concettualizzazione del condizionamento classico, sorse anche il concetto di condizionamento operante. In particolare nel 1936, B.F. Skinner arrivò a questo concetto, attingendo a piene mani dalla Legge dell'Effetto di Thorndike del 1898, che postulava che qualsiasi cosa con una conseguenza positiva è probabile che venga ripetuta, mentre qualsiasi cosa con una conseguenza negativa verrà evitata. Per esempio, se a un bambino viene data una caramella dopo aver pulito il suo casino, il bambino sarà più incline a raccogliere i giocattoli in futuro, grazie all'effetto positivo. Al contrario, se il bambino sgrida qualcuno e poi riceve una conseguenza negativa, come il dover andare in camera sua, non è così propenso a ripeterlo.

Questo concetto è stato ribadito nella teoria di Skinner, a cui ha aggiunto un nuovo concetto: il rinforzo. Skinner affermava che se un comportamento viene rinforzato, cioè viene premiato, verrà ripetuto o rafforzato. È probabile che la persona ripeta quei comportamenti che vengono rinforzati perché hanno avuto un buon risultato. Tuttavia, quando il rinforzo non avviene, quel comportamento sarà indebolito o estinto.

Nel 1948, Skinner ribadì questi concetti con degli esperimenti. Creò quello che chiamò "Skinner Box", che era una scatola in cui un animale aveva accesso a una leva, un altoparlante e due luci di segnalazione. C'era anche una griglia elettrica sul fondo che avrebbe generato una scossa. Gli animali prendevano la scossa quando premevano la leva con una luce specifica illuminata, ma quando usavano la leva con l'altra luce illuminata, venivano premiati con un pezzo di cibo.
Attraverso questo esperimento, è stato dimostrato che ci sono tre tipi di risposte che seguiranno un comportamento: Operandi neutri, durante i quali l'ambiente non incoraggia né

scoraggia la ripetizione del comportamento, rinforzatori, che spingono l'individuo a ripetere il comportamento e punitori, che scoraggiano la ripetizione.

Vedrete questo concetto quando guarderete tecniche come il rinforzo intermittente, durante il quale un manipolatore darà rinforzi positivi solo qualche volta. Come potete vedere, molto del comportamentismo diventa incredibilmente rilevante per lo studio della psicologia oscura.

Gli anni '60 arrivarono con Albert Bandura, un altro importante comportamentista, che riconosceva e concordava con il condizionamento classico e operante, ma aggiungeva anche due idee distinte e importanti. Egli affermò che ci sono processi tra gli stimoli esposti e le risposte e che il comportamento è un concetto appreso che si sviluppa attraverso l'apprendimento osservativo.

In particolare, Bandura ha presentato un esperimento noto come l'esperimento della bambola Bobo nel 1961. Egli sosteneva che i bambini, in particolare, presteranno attenzione ai comportamenti o ai loro modelli - le persone di cui sono circondati - e imiteranno i comportamenti a cui sono stati esposti. Pensate a come un bambino può urlare qualcosa di imbarazzante in pubblico, senza rendersi conto che è imbarazzante perché l'ha sentito dai suoi genitori: Questo è l'esempio perfetto.

Nell'esperimento di Bandura, ha esposto i bambini tra i 3 e i 6 anni a comportamenti violenti verso una bambola. In primo luogo, i bambini sono stati studiati per vedere quanto fossero aggressivi come linea di base. Sono stati poi suddivisi in gruppi di temperamento simile, in cui ad alcuni è stato mostrato un modello di ruolo aggressivo, ad altri un modello di ruolo non aggressivo e ad altri ancora nessun modello di ruolo. Il modello aggressivo era aggressivo nei confronti di una bambola - gli è stato dato un martello con cui colpire la bambola e l'hanno lanciata in giro mentre gridavano. Il modello non aggressivo ha visto un modello che ignorava la bambola e giocava tranquillamente con un altro giocattolo.

Ai bambini è stato poi offerto l'accesso a diversi altri giocattoli, che un ricercatore ha detto loro che erano i migliori di tutti. I loro comportamenti sono stati poi registrati. I bambini che erano stati esposti ai comportamenti aggressivi tendevano a comportarsi aggressivamente verso la bambola a cui avevano accesso. Questo ci mostra che i bambini imparano i comportamenti attraverso l'osservazione - il comportamento sociale viene appreso e influenzato pesantemente in base al modello, diventando la base della teoria dell'apprendimento sociale.

Questo è ulteriormente supportato in molte delle tattiche usate nella psicologia oscura. Le persone sono più facilmente persuase da persone simili a loro, proprio come i bambini sono più propensi a imitare le persone simili a loro. Le persone sono anche più propense ad imitare gli altri in ambienti non familiari, il che viene mostrato in tattiche come la persuasione.

Mentre continuate a leggere questo libro, troverete che molti dei concetti che sono innatamente usati dai manipolatori che vengono studiati coinvolgono molti dei concetti del comportamentismo. Diventa ricorrente, e in un certo senso, ha senso: il comportamentismo è uno studio di come le persone agiscono e come l'ambiente influenza il comportamento. La psicologia oscura cerca di controllare e cambiare i comportamenti delle altre persone. Mentre continuate a leggere, tenete a mente questi processi chiave perché saranno abbastanza rilevanti.

Capitolo 2: Il lato Oscuro della Personalità

Immaginate per un momento Anna: giovane, che sta finendo il suo ultimo anno di università e single. È fuori con gli amici in un bar, e le sue altre due amiche hanno già incontrato persone con cui stanno chiacchierando animatamente. Anna, invece, è un po' più consapevole di sé. Non si sente al suo posto, e si siede tra le sue amiche, sorseggiando il suo drink. Poi lo vede.

L'uomo è bello e le sorride. Si avvicina e si offre di offrirle un drink. Dice che si chiama Ethan e che si è appena laureato l'anno scorso nella stessa università di Anna. Le fa qualche domanda non troppo indiscreta: è una studentessa? Cosa studia? Che coincidenza, anche lui si è laureato in economia! È della zona? Assolutamente no - è cresciuto a 30 minuti dalla sua città natale. Sembrano domande normali per Anna, lui sta imparando a conoscerla e sembra che abbiano diverse cose importanti in comune. Lei chiacchiera con lui, e presto, stanno parlando della sua relazione passata e di come sia stata incredibilmente incasinata, quindi lei non sta cercando niente al momento.

Invece di spaventarlo, lui annuisce con saggezza e riconosce che ha avuto una relazione con una donna particolarmente abusiva e narcisista non troppo tempo fa e che stava solo cercando qualcuno da conoscere come amici. Passano il resto della serata nel bar a chiacchierare allegramente, e quando Anna e i suoi amici sono pronti ad andare, lui sorride, le scrive il suo numero di telefono e dà loro la buonanotte.

Anna si ritrova bloccata - non può smettere di pensare a Ethan e a quanto avevano in comune. Presto gli manda dei messaggi, e scopre che non solo le loro vite sono parallele, ma che condividono anche degli hobby molto simili. Ad entrambi piace sedersi e leggere con una bella tazza di vino. Ad entrambi piace fare escursioni sulle montagne vicine. Entrambi condividono l'amore per i videogiochi.

Ben presto, Ethan è entrato completamente nella vita di Anna. Va a casa sua 5 o 6 giorni alla settimana e resta la notte almeno la metà delle volte, di solito si addormenta a metà di un film. Le porta dei fiori e la ricopre di attenzioni positive. Ama ascoltare per ore tutto quello che lei ha passato negli ultimi anni e offrire le sue opinioni come qualcuno che è stato in una relazione simile prima.

Anna dice a se stessa che lui è quello giusto. Lui è diverso. È gentile e premuroso. Sa ascoltare. Ben presto si ritrova innamorata di lui. Si innamorano velocemente l'uno dell'altra, e nel giro di tre mesi sono fidanzati - dopo tutto, sono anime gemelle. Sei mesi dopo, lei è incinta. Nove mesi dopo sono sposati. Poco prima che il bambino nasca, è come se fosse scattato un interruttore. Lui è cattivo e freddo. Scompare costantemente durante la notte al bar. La butta giù e quando lei piange, la definisce piagnona. È come se l'Ethan che lei ha conosciuto, amato e sposato, non fosse altro che una bugia.

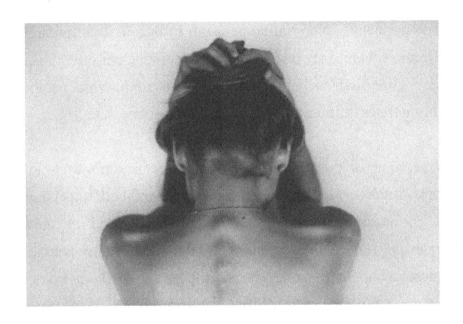

Questo perché aveva mentito. Le persone con personalità oscura non si fanno scrupoli a predare altre persone. Proprio come il lupo non pensa due volte ai sentimenti dei cervi, il tipo di personalità oscura non si preoccupa delle sue vittime. Ethan si era travestito proprio perché stava cacciando Anna: stava intenzionalmente cercando di rendersi attraente per lei - voleva essere in grado di interessarla e attrarla per ottenere il controllo.

Spesso, le persone con personalità oscure, con la propensione a manipolare, cacciare e usare altre persone, si presentano in quattro modi diversi: Sono machiavellici, narcisisti, sadici o psicopatici. Alcune persone avranno diversi di questi tratti, mentre altre possono averne solo uno. Tuttavia, queste persone sono pericolose. Non hanno paura di infliggere danni mentali estremi, e a volte anche fisici, ad altre persone per ottenere ciò che vogliono o di cui hanno bisogno. Tutto ciò che conta per loro è ottenere esattamente ciò di cui hanno bisogno.

Le persone con questi tipi di personalità oscura sono conosciute come "nucleo scuro", hanno maggiori probabilità di impegnarsi in comportamenti antisociali come comportarsi in modo malevolo, rubare, imbrogliare o fare del male ad altre persone. Queste sono le persone che si impegnano nella psicologia oscura, e più leggerete il libro, più arriverete a riconoscere i metodi attraverso i quali questi tipi di personalità scelgono di agire.

In questo capitolo, ci fermeremo a dare un'occhiata a quattro dei tipi di personalità più oscuri: il machiavellico, il narcisista, lo psicopatico e il sadico. Andremo oltre la presentazione classica di ciascuno di questi tratti di personalità, così come i motivatori di ciascuno. Mentre ognuno di loro è un tipo distinto, con tratti molto specifici, tutti condividono delle somiglianze. In particolare, ognuno di questi tipi di personalità oscura manca di empatia.

Una nota sull'empatia

L'empatia è la capacità di capire e sentire le emozioni degli altri. È principalmente responsabile di facilitare la comunicazione tra le persone, permettendo agli altri di accedere agli stati emotivi di coloro che li circondano. In particolare, permette alle persone di agire con compassione - puoi metterti nei panni di qualcun altro, per così dire. Se puoi vedere che la persona di fronte a te è stressata, puoi relazionarti. Puoi sentire tu stesso quel tipo di stress se sei particolarmente empatico. Conoscendo le emozioni di qualcun altro, ci si può sentire spinti ad aiutare - si può offrire di fare qualcosa per alleviare quello stress.

In altri casi, l'empatia permette di regolare i propri comportamenti. Se potete entrare in empatia con qualcun altro, potete assicurarvi di non essere voi stessi la causa della sua angoscia. Considerate per un momento che state parlando con qualcuno e dite qualcosa che lo offende. Se riuscite ad entrare in empatia con loro, potete vedere e capire che li avete turbati - e che vi importa davvero. Se siete in grado di riconoscere che li avete turbati, potete poi fare in modo di cambiare il vostro comportamento. Ecco perché l'empatia è così critica e perché la sua mancanza può essere così pericolosa. È ciò che di solito agisce come deterrente per ferire altre persone inutilmente.

Machiavellismo

Il primo dei tratti di personalità che sarà discusso è il machiavellismo. I machiavellici sono persone che sono altamente manipolative per natura - sono in grado di imbrogliare le persone senza che si sappia che è successo. Questa particolare caratteristica prende il nome da Niccolo Machiavelli, un diplomatico e filosofo responsabile di aver scritto Il Principe, un libro che discuteva che i governanti forti devono essere duri con i loro subalterni per mantenere il loro dominio. In particolare, si crede che il guadagno di gloria e di sopravvivenza giustifichi qualsiasi mezzo. In effetti, quindi, questo è l'inizio dell'idea errata che il fine giustifichi sempre i mezzi.

Le persone con questo tipo di personalità, quindi, comprendono questa forma di pensiero. Sentono di poter essere manipolatori con poche ripercussioni, o che le ripercussioni sono insignificanti finché ottengono ciò che vogliono.

Il machiavellico è concentrato sulla propria ambizione: tutto ciò che conta è il successo, non importa a quale costo. Darà sempre la priorità al proprio successo, indipendentemente da quale sia la sua idea di successo. Se credono che il successo sia definito dal loro reddito, massimizzeranno quel reddito, non importa il costo, per esempio.

Naturalmente, se sono disposti ad avere successo ad ogni costo, sono tipicamente incredibilmente sfruttatori. Non avranno problemi ad approfittare di altre persone, delle loro debolezze, o anche a buttare le persone sotto l'autobus se pensano che sarà sufficiente per ottenere il successo che credono di meritare. Non c'è una cosa come andare troppo lontano con il machiavellico, fino a quando il machiavellico ottiene la sua strada alla fine della giornata.

Queste persone tendono ad essere incredibilmente calcolatrici. Agiscono costantemente nel loro interesse, anche quando la gente non lo pensa. Se sono gentili e fanno un favore, è perché sanno che fare quel favore è il modo migliore per assicurarsi che l'altra parte dia loro ciò che vogliono in seguito. Nulla di ciò che fanno è senza ragione, e non è probabile che aiutino altre persone a meno che non possano vedere una sorta di legittimo beneficio nel farlo. Questo rende incredibilmente difficile identificare le loro vere intenzioni.

Il machiavellico, nonostante appaia affascinante e lusinghiero, è di solito incredibilmente cinico: non crede che qualcuno farà mai qualcosa per ragioni che non siano di interesse personale.

Per il machiavellico, se qualcuno fa qualcosa di gentile con lui, è perché vuole o ha bisogno di qualcosa e pensa che essendo gentile lo otterrà. In realtà, gli manca il valore della gentilezza umana intrinseca di cui tipicamente si approfittano, e la loro mancanza di empatia significa che non si preoccupano quando si approfittano di altre persone. Faranno attivamente e prontamente del male agli altri, facendo innamorare le altre persone senza mai impegnarsi veramente in relazioni legittime. Tuttavia, poiché sono così abili nel leggere chi li circonda e nell'ingannare le altre persone, sono comunemente visti come molto più carismatici e premurosi di quanto non siano in realtà.

Narcisismo

Il narcisista, d'altra parte, è molto meno intenzionale e calcolatore. Mentre il machiavellico è incredibilmente meticoloso nella sua manipolazione, i narcisisti non prendono la decisione intenzionale di essere persone manipolative. Mancano anche dell'empatia necessaria per regolare le loro azioni riguardo a come gli altri li vedono, ma in termini di motivazioni, il narcisista è manipolativo perché il narcisista è delirante.

I narcisisti sono particolarmente estenuanti perché hanno il loro grande senso di sé, anzi, è così grande che il più delle volte è grandioso. Sono completamente convinti di essere le persone migliori là fuori, e completamente perfette. Poiché sono così sicuri della loro perfezione, credono effettivamente di avere sempre ragione. Non c'è modo che possano sbagliarsi perché credono di non poter sbagliare, e questo li porta a credere che quando c'è uno scollamento tra ciò che si aspettano sia vero e ciò che è effettivamente vero, tendono ad assumere che le loro convinzioni siano quelle giuste.

Questo diventa incredibilmente estenuante quando le persone hanno a che fare con loro: credono di essere perfetti e di meritare intrinsecamente di più di coloro che li circondano. Pensano di meritare un trattamento e una considerazione speciali e quel trattamento e quella considerazione significano che faranno di tutto per ottenerli.

In effetti, la manipolazione e i danni del narcisista verso gli altri derivano da questa aspettativa di avere sempre ragione, credendo che la sua grandiosità sia la giustificazione di tutto. Tuttavia, il problema del narcisista è che è così abile nel convincere le altre persone che ha ragione e che merita un trattamento speciale, che si autoillumina per crederci. Il narcisista crederà assolutamente al suo racconto di ciò che accade. Se dice a qualcuno che qualcosa non è successo in un certo modo, probabilmente si è convinto di quella narrazione per proteggere quell'immagine di perfezione di cui è così sicuro. Crederanno sempre di essere meritevoli di quella perfezione, qualunque cosa accada.

I narcisisti stessi bramano il centro dell'attenzione - mentre sono incapaci di entrare in empatia con le altre persone, credono assolutamente di meritare l'adorazione degli altri, e la richiedono per sentirsi giustificati. Hanno un bisogno costante di essere ammirati, e se non lo sono, faranno cose per ottenere quell'ammirazione, anche se questo fa male alle altre persone.

Psicopatia

Dei quattro tratti che stiamo guardando, gli psicopatici sono senza dubbio i peggiori dei quattro. Queste persone hanno il maggior potenziale di essere dannose. Quando si cerca di identificare le loro tendenze di personalità, lo psicopatico è qualcuno che si presenta come altamente insensibile, impulsivo, manipolativo e grandioso.

In effetti, lo psicopatico è qualcuno che non ha paura di ferire altre persone per ottenere ciò che vuole. È disposto a cedere a quegli impulsi che di solito verrebbero rapidamente ignorati. Se ha il pensiero di voler ferire qualcun altro o giocare con le emozioni di qualcuno, lo farà per gioco, semplicemente perché può farlo. Crede di poterlo fare senza riguardo per i sentimenti delle altre persone, e lo farà senza pensarci due volte.

Come il narcisista, lo psicopatico pensa incredibilmente bene di se stesso - crede di essere più intelligente delle altre persone e di essere abbastanza abile da farla franca con qualsiasi cosa voglia fare. Se decide di diventare un serial killer, è convinto che nessuno sarà mai in grado di prenderlo: è completamente convinto di essere più intelligente, più furbo e più capace di tutte le persone che hanno tentato questa manipolazione prima di lui.

Nonostante la natura mostruosa dello psicopatico, sono in realtà incredibilmente abili nelle situazioni sociali. A differenza del narcisista, che può lottare nei contesti sociali se la sua grandiosità prende il sopravvento, lo psicopatico è ancora più abile a mimetizzarsi. Sono in grado di emulare gli esseri umani normali con facilità e lo faranno a proprio vantaggio. Considerano la loro abilità nel mimetizzarsi come un gioco e spesso cercheranno di convincere quante più persone possibile che sono degne di fiducia per poterne approfittare di nuovo in seguito.

Sadismo

Mentre i tre precedenti compongono i tipi di personalità comunemente indicati come la triade oscura, c'è un altro tratto che è importante considerare quando si parla di psicologia oscura: il sadico. Il sadico ha tutta l'insensibilità della triade oscura, ma a differenza di loro, non è particolarmente impulsivo o manipolativo. Il sadico è qualcuno che è interamente motivato perché gli piace essere crudele.

Il sadico di tutti i giorni vuole semplicemente fare del male alle persone o vederle soffrire. Può fare in modo di unirsi all'esercito o alle forze di polizia, permettendo a se stesso di proteggersi da qualsiasi ripercussione. All'interno di questi particolari percorsi di carriera, può sentire di poter far male alle persone o essere esposto al male degli altri senza doverlo nascondere.

Naturalmente, se il sadismo si accompagna a uno degli altri tipi di personalità, come nel caso del disturbo narcisistico di personalità, può diventare incredibilmente problematico: il narcisista sadico è uno che gode sinceramente nel far male alle persone, ma può anche sentire di avere il diritto di farlo. Sarà in grado di giustificare le sue azioni senza doversi sforzare molto, semplicemente perché sa di essere migliore delle altre persone.

Personalità oscura e abuso

In definitiva, questi tipi di personalità si prestano a individui violenti a causa dell'aumento dell'insensibilità rispetto agli altri. A causa dell'insensibilità, nessuna delle persone discusse in questo capitolo si fa scrupoli a commettere abusi. Questo significa che Ethan, nella sua relazione con Anna, non si preoccupa del dolore che gli è stato inflitto. Non gli importa di aver effettivamente intrappolato qualcuno con falsi pretesti, creando un legame indelebile tra loro due per sempre. Anche se lei se ne andasse, non sarebbe mai in grado di sfuggirgli veramente grazie al fatto che condividono un figlio.

Sono stati fatti studi sui tipi di personalità oscura che hanno dimostrato che queste persone tenderanno a scegliere di agire in modi che infliggono dolore, specialmente se sono piuttosto sadici. In questo studio, alle persone è stato chiesto di scegliere tra diversi lavori - lo studio è stato mascherato per far credere ai partecipanti che stavano guardando il tipo di personalità e la preferenza del lavoro. I lavori dovevano riflettere il tipo di comportamenti oscuri che poi sarebbe stato detto loro di fare. Alcuni dei lavori erano lavorare al freddo, lavorare nel settore sanitario o essere un disinfestatore.

Non sorprende che la maggior parte dei sadici abbia scelto lo sterminio. Da lì, gli scienziati hanno creato quello che hanno chiamato una macchina per uccidere - un macinino da caffè che è stato modificato in modo da fare suoni scricchiolanti, e sono stati istruiti che dovevano uccidere diversi insetti con nomi carini nel tentativo di umanizzarli. Durante l'esperimento, i sadici hanno assolutamente scelto di uccidere gli insetti, e non erano disgustati da ciò. Erano felici di uccidere gli insetti e si divertivano, anche se, rispetto alle persone senza tendenze sadiche, si divertivano meno delle loro controparti non sadiche.

Dopo questi risultati, è stato fatto un altro esperimento - durante questo, le persone sono state ordinate in base alla personalità, e poi è stato chiesto loro di giocare a un gioco per computer. Alle persone che giocavano è stato detto che stavano gareggiando per fare un forte rumore alle persone nell'altra stanza. Se avessero vinto, avrebbero potuto scegliere quanto a lungo e quanto forte sarebbe stata l'esplosione. Come nota importante, gli avversari non rispondevano mai.

Metà di queste persone avrebbero dovuto lavorare per essere crudeli - se avessero vinto, avrebbero dovuto contare prima dell'esplosione del rumore, e l'interesse dello studio era quanto probabilmente il lavoro extra avrebbe dissuaso le persone dall'essere aggressive. Alla fine, solo i sadici hanno scelto di lavorare per ferire l'altra parte. Mentre quelli con i tipi di personalità oscura avrebbero tutti inflitto un certo grado di danno agli avversari quando era semplice, l'aggiunta dello strato extra di lavoro era sufficiente a scoraggiare gli altri tipi di personalità. Oltre a questo, i sadici sceglievano anche di aumentare l'esplosione e renderla più lunga solo per ferire l'altra squadra quando si rendevano conto che non ci sarebbe stata alcuna ritorsione.

In effetti, quindi, i sadici sono quelli che hanno più probabilità di fare del male agli altri. Anche gli psicopatici, che faranno del male o uccideranno senza sentirsi in colpa, di solito hanno uno scopo che li guida. I machiavellici erano troppo calcolatori per rischiare il male di altre persone a meno che non sentissero che la ricompensa era giusta. I narcisisti di solito facevano del male agli altri quando si sentivano minacciati. Tuttavia, i sadici farebbero del male solo per divertirsi.

Questo significa che, alla fine della giornata, sono i sadici che saranno i più manipolatori. I narcisisti saranno aggressivi e violenti in risposta alla percezione di una minaccia a se stessi o al proprio ego. Lo psicopatico farà del male per ottenere qualcosa o perché vuole qualcosa. Il machiavellico abuserà solo quando gli sembrerà il modo migliore per ottenere ciò che vuole, e non sarà rischioso farlo.

Perché usare la psicologia oscura?

In definitiva, ci sono diverse ragioni per cui si può usare la psicologia oscura, e non tutte sono così cattive come si può pensare. Diverse persone nella società usano queste tecniche non per ferire gli altri, ma per assicurarsi di essere in grado di ottenere i risultati di cui hanno bisogno. I politici e i leader possono esercitare gli strumenti di influenza e persuasione per mantenere le persone motivate. Gli oratori pubblici possono incasinare l'umore nella stanza per trasmettere un certo messaggio. Gli agenti di polizia possono usarlo per far sì che le persone stiano in riga. Non importa chi lo sta usando, c'è generalmente una sorta di scopo, anche se a volte, questo scopo risulta essere semplicemente per l'intrattenimento. Ora, passiamo ad una lista di diversi usi ordinari della psicologia oscura che molto probabilmente avete incontrato di recente.

Capitolo 3: Cos'è la Manipolazione?

Se poteste costringere le persone a obbedirvi, lo fareste? Se poteste forzare la mano di qualcun altro, pur sapendo che non vuole fare quello che gli chiedete, sareste disposti a farlo? Forse hai davvero bisogno di prendere in prestito 5000 dollari per l'acconto di una macchina, ma i tuoi genitori non sono disposti a darteli. Forse volete davvero prendere in prestito la nuova moto del vostro amico per sperimentarla, ma sono riluttanti perché non avete la patente. Quanto è probabile che tu faccia un passo avanti? E se la tua amica ha una relazione con qualcuno che è violento o che semplicemente non va bene per lei? Faresti qualsiasi cosa in tuo potere per convincerla a terminare la relazione?

Tutto questo e altro ancora è possibile con il potere della manipolazione. Quando sei in grado di manipolare le persone, stai effettivamente riuscendo a influenzare la mente dell'altra persona. Siete in grado di capire come controllare al meglio l'altra persona e assicurarvi di poter, di fatto, prendere il controllo una volta per tutte. Potete usare la vostra comprensione della mente dell'altra persona per farle fare praticamente qualsiasi cosa. Se riesci a giocare bene le tue carte, puoi accedere segretamente alla mente di qualcun altro, installare tutte le corde giuste e muovere l'altra persona come una marionetta.

Questa abilità può esservi incredibilmente utile se sapete cosa state facendo. Potete capire come meglio prendere il controllo della mente di qualcun altro. Potete convincerlo ad eseguire i vostri ordini, sia per il vostro che per il loro beneficio. Questo capitolo vi introdurrà alla manipolazione come concetto. Imparerete come funziona la manipolazione e infine, vi verranno forniti diversi esempi di tipi di manipolazione che potete incontrare nella vostra vita quotidiana.

Manipolazione

Per definizione, la manipolazione è una forma di influenza sociale che è progettata per cambiare i comportamenti o le percezioni di altre persone attraverso metodi che sono in qualche modo ingannevoli. Di solito, lo scopo è quello di permettere al manipolatore di ottenere ciò che vuole, anche se a spese del suo bersaglio. In effetti, si tratta di trovare un modo per sfruttare coercitivamente e segretamente qualcun altro a fare ciò che si vuole o si ha bisogno che faccia.

Quando manipolate qualcun altro, avete il vostro secondo fine che state spingendo. Volete assicurarvi che il risultato desiderato si verifichi, indipendentemente dal fatto che abbia un impatto su di voi o su vostro figlio. Per esempio, dire a vostro figlio che deve dire la verità o morirete sarebbe una forma di manipolazione emotiva. State dando un peso eccessivo alla conseguenza che non accadrà mai per costringere vostro figlio a dirvi qualcosa. Forse state cercando di fargli dire la verità, ma lo state anche facendo in un modo che è emotivamente dannoso per il bambino.

A volte, la manipolazione è un po' più difficile da individuare - può essere trovare il modo di usare le insicurezze contro la vittima senza che vengano individuate. Non importa cosa, comunque, ciò che è vero è che la manipolazione è progettata per scavalcare il diritto intrinseco di ognuno al libero arbitrio. Questo non è qualcosa di cui essere orgogliosi o da accettare - se siete alla fine della manipolazione, dovreste cercare di proteggere quel libero arbitrio il più possibile. Se siete voi il manipolatore, potreste aver bisogno di riconsiderare le vostre motivazioni e tattiche.

Tenete a mente, mentre leggete il resto di questo capitolo, che questo libro non condona l'uso attivo ed eccessivo della manipolazione. Controllare le persone è tipicamente considerato piuttosto subdolo e crudele, e non dovrebbe avvenire regolarmente, o per niente se può essere evitato. Può essere prezioso comprendere l'arte della manipolazione per capire come funziona la mente, o come i manipolatori attaccano, ma in definitiva, l'uso della vera manipolazione non è raccomandato.

Il processo di manipolazione

Le persone tendono a credere che la manipolazione sia efficace per ragioni diverse. Hanno idee diverse su ciò che rende la manipolazione efficace. In particolare, ci sono tre criteri che coinvolgono il manipolatore che devono essere soddisfatti per garantire che la manipolazione abbia successo. In definitiva, è il manipolatore che è il principale responsabile della manipolazione che determina se funzionerà, anche se ci sono alcuni tratti di personalità che tendono ad essere particolarmente vulnerabili ai tentativi di manipolazione. I tre criteri che devono essere soddisfatti per garantire il successo della manipolazione sono:

- Il manipolatore deve nascondere le vere intenzioni
- Il manipolatore deve conoscere le vulnerabilità più vitali della vittima
- Il manipolatore deve essere abbastanza spietato da andare fino in fondo

Tenete presente che la presenza di questi tre criteri non garantisce che la manipolazione funzioni sempre. Tuttavia, devono essere presenti perchè possa funzionare.

Nascondere le vere intenzioni

Se qualcuno venisse da te e ti dicesse: "Ti costringerò a comprarmi la cena", è probabile che tu rifiuti categoricamente. Le persone tendono ad essere contrarie - si orienteranno a fare l'esatto contrario di ciò che qualcun altro sta affermando di fare semplicemente perché vogliono avere il loro libero arbitrio. Per questo motivo, la manipolazione funziona bene solo quando le vere intenzioni sono nascoste. In questo modo, la vittima non è consapevole della manipolazione in atto ed è più probabile che ci caschi. Sarà ignara e, quindi, più suscettibile rispetto a quando era già in guardia e cercava di imporsi.

Capire le vulnerabilità

In definitiva, l'unico modo per arrivare a qualcuno è sapere dove sono i suoi punti deboli. Approfittando dei punti deboli dell'altra parte, puoi effettivamente capire esattamente come presentare ciò che vuoi per assicurarti che te lo dia. Per esempio, se sapete che avete a che fare con una persona che piace alla gente, potete dirgli che avete questo bisogno davvero importante che volete soddisfare e dirlo nel modo giusto spinge l'altra persona a chiedere se può aiutarvi. Questo è un esempio di vulnerabilità. Altri possono includere:

Bisogno di ricevere un'approvazione esterna

- Paura delle emozioni negative
- Inerzia
- Lotta per conoscere il proprio vero io
- Lotta con la fiducia in se stessi
- Sentirsi fuori controllo
- Essere ingenui
- Mancanza di fiducia in se stessi
- Essere troppo coscienzioso

Naturalmente, ci sono anche altre vulnerabilità, e si può iniziare a individuare anche quelle più personali se si sa cosa si sta facendo. Il tuo lavoro quando manipoli gli altri sarà quello di capire queste vulnerabilità e usarle.

Spietatezza

In definitiva, la manipolazione è molto spesso dannosa per almeno una parte che è vittima. Nella maggior parte dei casi, la persona manipolata sta per perdere qualcosa, e la maggior parte delle persone si sente in colpa all'idea di costare a qualcun altro qualcosa di personale. Per questo motivo, il manipolatore di successo non deve tenere abbastanza all'altra persona da essere in grado di sottrarsi al senso di colpa che deriverebbe dal farle del male. Molte persone, sono semplicemente troppo empatiche per ignorare completamente gli altri. Per altri, tuttavia, diventa facile ignorare qualsiasi senso di colpa per aver usato l'altra parte. Vanno avanti con la loro vita dopo aver ottenuto ciò che vogliono senza mai battere ciglio.

Tattiche di manipolazione

Tipicamente, i manipolatori esercitano una sorta di controllo sui loro obiettivi. Dovrebbero farlo per ottenere veramente ciò che vogliono. Tuttavia, non ci sono due manipolatori uguali. Alcuni possono favorire il rinforzo positivo, mentre altri preferiscono punire. Non importa il metodo, non si può negare che la manipolazione può essere estenuante, malsana e a volte completamente pericolosa.

In questa sezione, identificheremo le cinque tattiche distinte che i manipolatori tendono ad usare. Tenete a mente che queste tattiche sono separate dalle tecniche che saranno discusse a breve. Le tattiche sono una sorta di categorie di diverse forme di manipolazione - sono la forma più semplificata di classificare le tecniche che vi verranno presentate, e utilizzano una sorta di tendenza o processo psicologico per controllare l'altra persona. Rinforzo positivo. Piuttosto che guardare al positivo come a qualcosa di buono, pensate al positivo come all'essere fornito o dato qualcosa. Quando vi viene dato un rinforzo positivo per incoraggiarvi a fare qualcosa, vi viene presentato un qualche tipo di motivatore. Otterrete qualcosa come risultato diretto della vostra scelta in azione o per farvi fare qualcosa.

Per esempio, una forma di rinforzo positivo è l'essere elogiati o premiati per aver completato un compito come ci si aspettava. In particolare, durante la manipolazione, si può ricevere una lode se si fa la cosa giusta senza che venga chiesto o incoraggiato a farla. In definitiva, ha lo scopo di incoraggiare. Altre forme di rinforzo positivo includono:

- Lode
- Riconoscimento pubblico
- Espressioni facciali
- Approvazione
- Amore o affetto
- Regali

Rinforzo negativo

Il rinforzo negativo, d'altra parte, comporta l'uso di situazioni negative con la rimozione da quella situazione negativa come ricompensa. Quando vi viene fornito un rinforzo negativo, vi viene effettivamente detto che se fate qualcosa, una situazione negativa sarà rimediata in qualche modo. Questo usa la situazione negativa e il desiderio di essere salvati da quella negatività come motivazione per spingervi verso una certa azione.

Situazione negativa ▶ Azione eseguita ▶ Rimozione della negatività ▶ Azione rinforzata

Per esempio, immaginate di essere un po' in difficoltà: potreste rendervi conto che vi mancano 1000 dollari per le vostre bollette in tre giorni e andate nel panico. Un manipolatore potrebbe dire che vi darà quei 1000 dollari e quindi vi salverà dalla scomoda e terrificante possibilità di perdere la casa. Un altro esempio potrebbe essere quello di dire a un bambino che non dovrà fare i piatti se invece farà quello che volete voi.

Rinforzo intermittente

Il rinforzo intermittente si riferisce a fornire solo qualche volta un rinforzo positivo. Facendo così si provoca il dubbio, la paura e il desiderio di continuare a cercare di pescare quell'approvazione o quel rinforzo positivo che si desidera. L'assenza di ciò che viene offerto ad intermittenza può indurre le persone a lavorare di più per ottenerlo.

Forse il modo più semplice per capire il rinforzo intermittente è guardare il gioco d'azzardo. Nel gioco d'azzardo, occasionalmente si riesce a vincere, ma la maggior parte delle volte si perde. La vittoria occasionale e la consapevolezza di avere la possibilità di vincere sono entrambe sufficienti per le persone a versare continuamente denaro nel gioco d'azzardo, anche se probabilmente stanno perdendo più soldi di quanti ne abbiano mai vinti.

Questa forma di rinforzo può essere la più efficace: fa sì che l'individuo diventi effettivamente dipendente dalla caccia al successo o alla realizzazione. Pensate per un momento a una relazione di abuso: spesso la vittima diventa dipendente dal rinforzo intermittente e questo è sufficiente a mantenere l'individuo bloccato.

Punizione

Quando si parla di punizione, si pensa all'improvvisa inclusione di qualcosa di negativo come risposta ad un fallimento o ad un rifiuto che è destinato ad essere sgradevole al fine di incoraggiare l'altra persona ad agire come si spera. Questo fa sì che l'altra parte ceda, spesso perché l'altra parte che riceve la punizione ha paura o è ferita, fisicamente o emotivamente, e vuole principalmente evitare lo stesso risultato.

Pensate a quando prendete una multa: i soldi che pagate sono, in parte, amministrativi per coprire i costi del poliziotto che ha emesso la multa e del giudice che la presiede. Tuttavia, la maggior parte di quella multa è progettata per punirvi. State perdendo una certa quantità di denaro perché avete commesso un qualche tipo di crimine.

Alcuni esempi di punizione includono:

- Urlare
- Ferire (fisicamente, per esempio sculacciando)
- Fare la vittima
- Il trattamento del silenzio
- Assillare
- Il ricatto

Apprendimento traumatico di una prova

Infine, l'apprendimento traumatico si riferisce all'uso di abusi o traumi in casi molto specifici al fine di addestrare l'altra parte a sentire che deve cedere per evitare di innescare tali abusi in futuro. In effetti, si sta ottenendo l'obbedienza diretta terrorizzando l'altra parte. Questo è uno dei tipi più dannosi di manipolazione che la gente riceve.

Per esempio, potreste scoprire che siete tornati a casa dalla famiglia per le vacanze, e il vostro partner ha fatto solo un po' più tardi - niente di che, a volte le famiglie guidano separatamente. Tuttavia, il vostro partner è furioso perché sei andata piuttosto che rimanere a casa dove sareste stati con lui. Poi ti urla che non sei mai a casa o presente per lui e va su tutte le furie. Il messaggio che sta cercando di inviare è che non vale mai la pena di farlo arrabbiare. Alcune forme di questo includono:

- Abuso di qualsiasi tipo
- Stabilire il dominio
- Permettere alle emozioni di andare fuori controllo

Tecniche di manipolazione

La manipolazione si presenta in diverse forme oltre a queste cinque diverse tattiche. Alcune persone possono fare il gaslight, mentre altre bombardano e svalutano l'amore. Altri ancora possono scegliere di approfondire il controllo mentale. Ci sono diverse tecniche di manipolazione che possono essere usate in varie situazioni, il che significa che hai sempre un sacco di opzioni. Ciò che può funzionare in una situazione non è necessariamente garantito che funzioni in un'altra, e la maggior parte delle volte, i manipolatori avranno diverse tecniche da cui attingere secondo necessità. Capire ognuna di queste diverse forme di manipolazione significa che si può essere preparati. Quando si è preparati, si diventa meno suscettibili a quella forma di manipolazione. Sarete effettivamente in grado di proteggervi perché sapete quali sono gli schemi e potete riconoscerli quando si verificano, permettendovi di evitare di cedere. Questa sezione fornirà una spiegazione degli otto metodi comuni che vengono utilizzati.

Bombardamento d'amore e svalutazione

Questa forma di manipolazione è particolarmente comune nelle relazioni con i narcisisti. Il manipolatore inonderà l'altra persona di amore e regali per assuefare essenzialmente l'individuo a lui. Poi, quando il manipolatore vuole qualcosa che non gli viene dato, quell'amore sarà improvvisamente revocato, spesso ferendo intenzionalmente o buttando giù l'individuo. Possono smettere di rispondere o dire alla vittima che non gli importa più di loro. L'idea è quella di far sì che la vittima desideri di nuovo quella fase di bombardamento d'amore per farla lavorare di più per ottenerlo. Di solito si verifica in un ciclo.

Questa è la quintessenza del rinforzo intermittente.

Gaslighting

Nel gaslighting, il manipolatore cerca di far sentire l'altra parte completamente incompetente e dubbiosa sul fatto che possa o meno identificare accuratamente ciò che sta accadendo intorno a lei. Lo scopo è quello di farli sentire instabili e come se le loro percezioni della realtà non fossero corrette. Per esempio, possono dire alla vittima che la sua percezione non è mai avvenuta, o che la vittima sta rendendo le cose molto peggiori di quanto non fossero in realtà. Il gaslighter negherà e rifiuterà i pensieri e le opinioni in modo così convincente che la vittima si fiderà del gaslighter, e col tempo, il gaslighter manterrà il controllo completo.

Il trattamento silenzioso

Questa è una forma comune di punizione in situazioni di abuso. Durante il trattamento silenzioso, la persona che viene ignorata sarà completamente cancellata - l'individuo non riconoscerà la sua presenza o che ha detto o fatto qualcosa. Se colui che viene ignorato dice qualcosa, colui che lo ignora lo guarderà dritto in faccia. L'intero scopo di questo è di far sentire all'altra persona il dispiacere che il manipolatore sta provando. Può anche portare l'individuo manipolato ad essere così disperato di tornare al modo in cui le cose erano prima che si adatterà a qualsiasi richiesta fornita.

Senso di colpa

La tattica del senso di colpa è progettata per far sentire la persona manipolata in colpa semplicemente perché il senso di colpa è un'emozione motivante e spinge le persone a fare tutto il possibile per alleviarlo. Se siete in grado di far sentire qualcuno in colpa, lo fate sentire come se l'unico modo in cui può sfuggire al senso di colpa sia fare qualsiasi cosa gli abbiate chiesto di fare. Per esempio, il vostro fratello potrebbe dirvi che non può permettersi di mantenere la sua casa se non gli prestate i soldi e che se rifiutate, sarà colpa vostra se i loro figli vengono allontanati o se vostro fratello perde la custodia.

Fare la vittima

Spesso il manipolatore rigira le cose, in modo da riflettere che il manipolatore è in realtà la vittima delle circostanze piuttosto che l'aggressore della situazione. Per esempio, se un manipolatore viene coinvolto in una discussione con qualcun altro, potrebbe dire a tutti gli altri che lui è stato la vittima in qualche modo, forma o aspetto per guadagnare simpatia. Rigira la verità per assicurarsi di essere creduto non responsabile di ciò che è successo.

Capro espiatorio

Nel capro espiatorio, si fa in modo che qualcun altro si prenda la colpa di una situazione. Possono spingere tutte le loro colpe sul capro espiatorio, in particolare quando è coinvolto un bambino, ma possono anche semplicemente rifiutarsi di dare la stessa considerazione a colui che diviene capro espiatorio. Questa è un'altra forma di rinforzo intermittente.

Controllo mentale

Un altro metodo comune di manipolazione è attraverso il controllo mentale. Quando si controlla la mente di qualcun altro, lo si sta effettivamente influenzando a fare qualcosa che non vuole fare, anche se non è necessariamente quello che vorrebbe fare. Questo è di solito un metodo che richiede molto tempo, tuttavia, poiché colui che fa il controllo deve prima entrare in una posizione di fiducia con la persona, poi lentamente lavorare fino a prendere la situazione quando è il momento giusto.

Intimidazione nascosta

Questa si riferisce al tipo di intimidazione in cui non si è del tutto sicuri del perché ci si sente spaventati, ma non si può farne a meno. Semplicemente sentite che qualcosa sta per andare storto o che c'è un qualche tipo di problema che affronterete se non farete prima ciò che ci si aspetta da voi. Nell'intimidazione nascosta sapete che qualcosa vi mette a disagio.

Quando si verifica la manipolazione

Nessuno vuole essere il destinatario della manipolazione, eppure sembra essere tutto intorno a noi. Il mondo è letteralmente circondato da diverse persone e dai loro tentativi di manipolazione. Lo si può vedere in televisione e nei media. Lo si può vedere nella religione e nella politica. Succede in tutti i tipi di relazioni quando diventano malsane. Non c'è un modo reale per evitare veramente la manipolazione, e questo di per sé può essere incredibilmente scoraggiante.

Tuttavia, poiché la manipolazione è ovunque, diventa prudente capire come si presenta in un'ampia varietà di situazioni e casi. Si vuole essere in grado di notare quando sta accadendo e capire come combattere al meglio per assicurarsi di essere effettivamente in grado di proteggersi. Quando si è in grado di proteggersi dalla manipolazione, si può garantire che, come minimo, non si è regolarmente usati da altre persone semplicemente perché ci si rifiuta di permettere di esserlo.

In questa sezione, daremo uno sguardo alla manipolazione in diverse relazioni e contesti per una breve panoramica di cosa aspettarsi e perché accade.

Nelle relazioni

Questo si riferisce in particolare alle relazioni romantiche. Le relazioni romantiche sembrano attrarre frequentemente la manipolazione, specialmente se un membro della coppia è meno conflittuale e ha paura di farsi valere. Quando questo accade, si può scoprire di essersi imbattuti in un bell'enigma: è necessario capire come lasciare al meglio una relazione romantica piena di manipolazione, il che può essere difficile se il manipolatore ha fatto bene il suo lavoro.

In particolare, quando siete in una relazione e siete a rischio di manipolazione, vi renderete conto che è probabile che l'altra parte si impadronisca completamente della relazione. L'altra parte potrebbe cercare di farvi muovere più velocemente di quanto non siate abituati a fare, insistendo per farvi avanzare la vostra relazione al livello successivo in una storia d'amore vorticosa. Se la persona sembra troppo buona per essere vera in una situazione del genere, di solito si può supporre che fonadamentalmente era piena di manipolazione e dovrebbe essere evitata se possibile.

Nelle amicizie

Gli amici manipolatori possono cercare di entrare nelle vostre grazie il più velocemente possibile, ma presto cadranno nell'abitudine di avere sempre bisogno di voi ma di non essere mai disponibili quando avete bisogno di loro. All'inizio, penserete che sia una coincidenza, ma col tempo, vi renderete conto che è in realtà un modello, lasciandovi bloccati a decidere se volete lasciare del tutto l'amicizia o se preferite invece sopportare la mancanza di supporto del manipolatore e godervi quello che potete.

Nelle chiese

Le chiese comunemente manipolano anche le persone, tentando di forzarle in situazioni e azioni che non necessariamente vogliono. In particolare, vedrete comunemente minacce di dannazione e punizione se non vivono secondo una vita molto specifica, e questo è un perfetto esempio di manipolazione. Usano la loro autorità per forzare la mano e farvi sentire come se non aveste altra scelta che conformarvi. È su questo che contano: presumono che continuerete a donare, a servire e a frequentare perché vi minacciano se non lo fate. Anche se molte persone possono non vederla come una minaccia, sentirsi dire che si può essere scomunicati o che si sarà dannati per l'eternità sono due modi per spaventare qualcuno a comportarsi in un certo modo.

In politica

I politici tentano spesso di manipolarsi a vicenda durante i dibattiti e tenteranno di manipolare il popolo durante i discorsi. Lo si può vedere nel modo in cui si tengono e come interagiscono tra loro, che sono addestrati e sceneggiati su cosa fare, e anche il modo in cui stanno in piedi è stato sceneggiato per evitare qualsiasi tipico segno di disagio, come incrociare le braccia. Invece, per essere visti come più potenti, possono giocherellare con un orologio o un gioiello per cercare di nascondere la loro reazione viscerale di mostrare segni di disagio.

Nei culti

I culti usano comunemente tecniche di lavaggio del cervello in cui possono abbattere intere personalità per installare le proprie, più obbedienti, in altre persone. Possono accogliere le persone a braccia aperte, facendole sentire come se fossero benvenute e felici, ma col tempo, la manipolazione e il lavaggio del cervello aumentano. Alla fine, le persone vengono lasciate come gusci di se stesse, costrette ad obbedire e fare qualsiasi cosa sia stata detta loro se vogliono evitare la punizione. Si può vedere questo nei culti estremi in particolare dove i leader possono letteralmente ordinare ai loro seguaci di uccidere se stessi o gli altri, e lo faranno, come nel culto di Jamestown, in cui tutti bevevano bevande aromatizzate con veleno come un suicidio di massa.

Nelle posizioni di vendita

A volte, le persone in posizioni di vendita dovranno diventare astute con il modo in cui scelgono di presentarsi al fine di garantire che possano, infatti, effettivamente chiudere una vendita. Possono scegliere di usare certi appelli all'autorità o all'emozione nel tentativo di convincervi, o possono cercare di spaventarvi per sottomettervi in altri casi. Indipendentemente dalla situazione, comunque, è comune vedere i venditori provare tutti i tipi di tentativi influenti per convincervi a comprare qualcosa. Anche qualcosa di semplice come farvi alcune domande può essere una forma di manipolazione presa dalla programmazione neuro-linguistica, a seconda che l'altra parte sia preparata con le tecniche. In particolare, gran parte dell'influenza che vedrete nei contesti di vendita tende ad essere persuasione o PNL.

In tribunale

In tribunale, quando gli avvocati sono spesso in lotta per capire la verità, si può vedere la manipolazione. Specialmente se gli avvocati sono particolarmente ansiosi di provare le loro posizioni, si può incorrere in questioni in cui entrambe le parti iniziano a lanciare tentativi di manipolazione l'una contro l'altra.

Possono formulare le loro domande in un modo carico per cercare di far cascare l'altra parte. Possono cercare di incastrare l'altra parte o farle pressione per farla confessare. In definitiva, anche se si suppone che l'aula di tribunale sia particolarmente imparziale, si possono vedere spesso tentativi di manipolazione per controllare l'altro.

Nei negoziati

I tentativi di negoziazione sono un'altra area in cui si possono vedere tentativi di manipolare o influenzare l'altro. Entrambe le parti hanno un certo desiderio, ed è probabile che tentino di ottenere la loro strada in qualche misura. Naturalmente, le negoziazioni si accompagnano anche al compromesso, quindi alcune concessioni dovranno essere fatte, ma la persona responsabile di queste concessioni può cambiare a seconda dei risultati della negoziazione.

Capitolo 4: Gli effetti della Psicologia Oscura

Finalmente siete arrivati all'ultimo capitolo di *Come analizzare le persone con la psicologia oscura*. Questo è il punto in cui il vostro viaggio di apprendimento comincia a concludersi. Tuttavia, è fondamentale che tu impari un po' di più sulla psicologia oscura e i suoi effetti prima di andare avanti.

Ricordate, la psicologia oscura è uno strumento potente che può essere utilizzato per ottenere molta comprensione e intelligenza, ma allo stesso tempo, può anche essere visto come una sorta di arma. Le persone che non sanno cosa stanno facendo possono lottare per assicurarsi attivamente di evitare di ferire altre persone, e purtroppo, quando si sta frugando nella mente di qualcuno, il danno che si può potenzialmente fare può essere irrevocabile in alcune situazioni, come se si è inflitto una sorta di trauma nei vostri tentativi di manipolazione.

La psicologia oscura può essere progettata per essere uno studio e una mimica di quelli con i metodi di manipolazione più potenti della triade oscura, ma questo non significa che l'atto di interagire con altre persone debba essere dannoso o nocivo per chiunque sia coinvolto. Al contrario, potete usare queste tecniche e i vostri poteri in modi che siano etici. Potete scegliere di usare i vostri strumenti in modi che siano effettivamente benefici per tutte le persone coinvolte, invece di usare queste tecniche di psicologia oscura semplicemente per ferire altre persone e ottenere qualsiasi cosa che stavate bramando o desiderando. Quando siete disposti ad usare la psicologia oscura con l'intenzione di fare del vero bene nel mondo, potreste scoprire che le tecniche e gli strumenti prendono una luce diversa. Potrebbero essercene alcune che scegliete di evitare ma potrebbero anche essercene altre che sono abbastanza convincenti per voi. Per esempio, cosa succederebbe se vi impegnaste ad usare tecniche di controllo mentale, ma invece di convincere l'altra persona che non è abbastanza brava o troppo forte per voi, aumentaste la sua fiducia, ricordandole quanto è capace e bella? Improvvisamente, quella tecnica che prima era insidiosa è in realtà abbastanza compassionevole.

Questo capitolo servirà a concludere tutto una volta per tutte. All'interno di questo capitolo, vedrete il danno che la psicologia oscura può fare ad un individuo. Vedrete diversi segni di manipolazione e abuso. Poi, vi verrà fornita una spiegazione della psicologia oscura etica, così come una breve guida per assicurare che il vostro uso rimanga etico. Infine, vi verranno mostrati diversi esempi di tecniche di psicologia oscura usate in modi che sono utili e benevoli piuttosto che dannosi e distruttivi.

Psicologia oscura etica

Come il nome implica, la psicologia oscura etica sarebbe l'uso della psicologia oscura in modi che non sono implicitamente dannosi. Naturalmente, molte persone potrebbero sostenere che la psicologia oscura è sbagliata, indipendentemente da chi la usa semplicemente perché accede alla mente di una persona, la parte più privata di sé. Tuttavia, se riuscite a mantenere etica la vostra psicologia oscura, potete scoprire che in realtà state facendo un sacco di bene. Quella buona energia che mettete nel mondo aiuterà diverse persone, e non si sa mai quanto lontano possa arrivare una buona azione.

Questa sezione affronterà cinque domande che potete porre per determinare se siete dannosi o maliziosi nei vostri tentativi di ottenere risultati da altre persone.

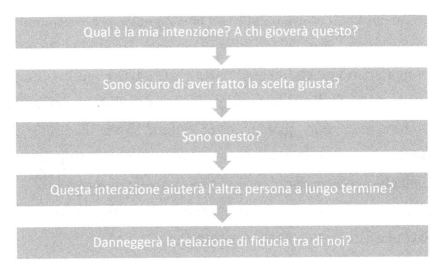

Qual è la mia intenzione? A chi gioverà questo?

Sono sicuro di aver fatto la scelta giusta?

Sono onesto?

Questa interazione aiuterà l'altra persona a lungo termine?

Danneggerà la relazione di fiducia tra di noi?

Qual è l'intenzione di questa interazione? A chi gioverà?

Questa domanda è la prima dell'elenco: serve ad assicurarsi che qualsiasi cosa stiate facendo non sia progettata solo per beneficiare voi. Ricordate, i manipolatori sono coloro che tendono a manipolare semplicemente perché vogliono prendere il controllo delle altre persone e servire se stessi. Quando siete in grado di rispondere onestamente che non avete alcun interesse a servire voi stessi, ma preferite che siano gli altri a beneficiarne, siete sulla strada giusta.

Sono sicuro che sto facendo la cosa giusta con questa interazione?

Questa domanda vi costringe a capire se state facendo qualcosa che credete veramente giusto o se state facendo qualcosa che vi sentite obbligati a fare o qualcosa che sapete essere eticamente o moralmente ambiguo o semplicemente sbagliato. Quando potete rispondere che siete, di fatto, sicuri di aver scelto di fare la cosa giusta, indipendentemente da come vi state avvicinando o interagendo con qualcun altro, allora sarete in grado di dormire in pace con voi stessi. Ricordate, i veri manipolatori, quelli che causano danni, non si preoccupano di questo.
A loro non importa che stiano facendo del male alle persone, basta che ottengano ciò che vogliono.

Sono stato onesto qui?

Ora, questo può eliminare diverse tattiche dal vostro repertorio che è stato costruito finora, se state veramente cercando di rimanere etici. Tuttavia, dovete assicurarvi di ricordare che le persone hanno il loro libero arbitrio. Dovete essere disposti a rispettarlo per assicurarvi che possiate effettivamente renderli felici o beneficiarli senza presumere che abbiano bisogno di qualcuno che li tenga per mano e li tratti come un bambino incapace di badare a se stesso. Se riuscite a fare questo in modo efficace, sarete in grado di mantenere la loro autonomia.

Questa interazione gioverà all'altra persona a lungo termine?

Questo ancora una volta ti porta a guardare se le tue azioni sono vantaggiose o meno per l'altra parte. Dovete assicurarvi che ciò che avete scelto di fare è qualcosa che siete sicuri aiuterà l'altra parte; altrimenti, chi state aiutando? Molto probabilmente, l'unica altra opzione sareste voi stessi, e non dovreste usare le persone come mezzo per un fine.

La mia scelta del metodo permetterà lo sviluppo di una relazione basata sulla fiducia?

Questa è l'ultima domanda da porsi ed è forse una delle più importanti. Il modo in cui hai scelto di influenzare l'altra persona danneggerà il tuo rapporto con lei, o sarà ancora in grado di fidarsi di te? Saranno in grado di fidarsi di voi se vi capitasse di dire loro quello che avete fatto? Se vi accorgete che qualsiasi cosa stiate facendo deve essere nascosta alla persona con cui state interagendo, potrebbe essere il momento di riconsiderare le vostre tattiche e ciò che cercate di ottenere. Dopo tutto, non dovreste far sentire le persone come se non avessero voce in capitolo o come se pensaste di sapere meglio di loro ciò che vogliono o di cui hanno bisogno.

Segni di manipolazione

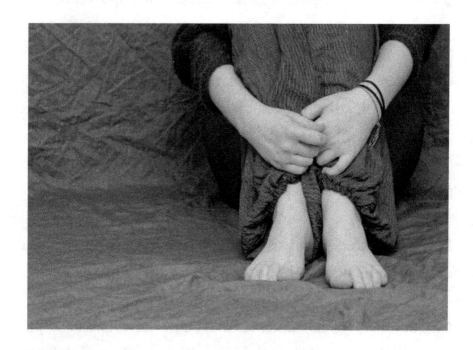

Se vi trovate all'estremità ricevente della psicologia oscura senza alcun riguardo per l'etica o meno, potreste notare che state soffrendo regolarmente. Inizierete a sviluppare segni rivelatori di abuso emotivo e manipolazione. Potreste non essere in grado di articolarlo, ma leggere questa lista potrebbe aprirvi gli occhi sulla verità. Questa sezione esaminerà cinque tratti comuni alle vittime di manipolazione.

Ti senti depresso intorno al manipolatore

Specialmente se il manipolatore è un vostro partner, è comune che vi sentiate depressi o infelici. Questo perché avete tante cose in ballo, anche se non ve ne rendete conto. Dietro le quinte, stai soffrendo di un peggioramento dell'autostima e della fiducia. Il tuo contegno sta diventando più timido e rassegnato.

Sentite un immenso obbligo nei confronti del manipolatore

Se sei stato in una relazione di qualsiasi tipo con il manipolatore, platonica, romantica, familiare o altro, potresti essere sorpreso di realizzare che ti senti incredibilmente obbligato verso il tuo manipolatore. Questo è spesso dovuto al fatto che l'obbligo deriva dalla manipolazione, e voi siete stati costretti a diventare obbligati al manipolatore per permettere un ulteriore controllo su di voi.

Hai dovuto cambiare per adattarti al tuo partner

Questa è un'enorme bandiera rossa - se vi sentite come se foste cambiati di recente, specialmente se anche altre persone vi dicono che sembrate essere cambiati di recente, è del tutto possibile che siate, di fatto, cambiati, e questo è problematico per tutte le persone coinvolte. Mentre le relazioni portano entrambe le parti a migliorarsi a vicenda, non dovresti mai sentirti come se dovessi cambiare per far funzionare la relazione.

Hai la sensazione che il manipolatore sia imprevedibile

Nonostante si viva potenzialmente con la persona, ci si rende conto che non si può prevedere come il manipolatore risponderà alle situazioni. Potrebbe non curarsi di qualsiasi cosa sia successa, o potrebbe essere incredibilmente frustrata per questo, ma non avete idea di quale sarà. Può sembrare che l'altra persona sia costantemente instabile e cambi, anche quando si tratta di qualcosa da poco..

Ti senti costantemente inutile

Le relazioni dovrebbero essere piene di sé, valorizzandosi a vicenda. Tuttavia, il manipolatore spesso ti svaluta completamente. Vogliono farvi pensare che siete stupidi e che non vale la pena ascoltarvi - questo significa che sarete compiacenti e più facili da controllare. Se siete troppo occupati a preoccuparvi o a sentire che non avete l'autostima per proteggere o incoraggiare la vostra crescita personale, potreste scoprire che in realtà avete bisogno di uscire del tutto dalla relazione. È del tutto possibile che abbiate un manipolatore che svaluta costantemente ogni cosa che fate. Se fate qualcosa, vi dicono immediatamente che non ha importanza o che non lo riconosceranno veramente, anche se potrebbe essere stato un grande affare per voi.

Psicologia oscura maligna

Ora, diamo un'ultima occhiata a come può apparire la psicologia oscura maligna. Immaginate di sentirvi come se aveste costantemente bisogno di essere ricoperti di attenzioni e affetto. Non sapete perché ne avete bisogno, ma da quando avete vissuto, avete sentito il desiderio di essere sempre al centro dell'attenzione. Farete intenzionalmente cose che vi faranno guadagnare attenzione negativa semplicemente perché l'attenzione negativa è meglio di nessuna attenzione, anche se di recente avete notato che il vostro partner si è sentito abbastanza infastidito da questo.

Invece, scegliete di cambiare la vostra tattica. Scegliete di far sentire in colpa il vostro partner ad ogni passo. Dite al vostro partner che non vi sentite apprezzati e che se vi avessero apprezzato di più, allora non sareste così arrabbiati. Dite al vostro partner che non pensate di poter stare in una relazione a lungo termine con qualcuno che non è abbastanza amorevole. Ti fai prendere dal senso di colpa e minacci di andartene se il tuo partner non è più attento alle tue esigenze, anche se il tuo partner sta già lottando per passare del tempo con te, lavorare e dormire abbastanza. Pretendete sempre di più, nonostante non ci sia molto altro da dare.

Tuttavia, il tuo partner cerca disperatamente di darti di più e cerca attivamente di passare più tempo con te. Il tuo partner inizia a dormire ancora meno frequentemente e ha un problema di salute. Invece di essere compassionevole, continui a minacciare il tuo partner e poi alla fine te ne vai perché non hai ricevuto l'amore a cui sentivi di aver diritto.

Questo è un esempio di manipolazione emotiva e senso di colpa, entrambi incredibilmente ingiusti da fare. Il partner finisce per sentirsi solo, con il cuore spezzato e chiedendosi perché non poteva fare nulla di giusto. Notate come il partner ha continuato a cercare di allontanare i suoi bisogni fino a quando non c'era più niente da dare. Questo è tipico della psicologia oscura - la vittima è spesso addestrata a sentire che i propri bisogni sono problematici o dovrebbero essere completamente abbandonati.

Psicologia oscura benevola

Nonostante suoni un po' come un ossimoro, si può assolutamente avere una psicologia oscura che è stata progettata per essere benevola. Potreste scegliere, per esempio, di assicurarvi che qualsiasi cosa stiate facendo abbia lo scopo di elevare l'altra parte piuttosto che trascinarla giù con voi. Potreste fare in modo di assicurarvi di essere sempre onesti con chi vi circonda e di essere sempre coscienti del fatto che le persone hanno le loro opinioni e il loro libero arbitrio. Indipendentemente dalla forma, volete assicurarvi che la vostra influenza sia etica. Da lì, sarà una questione di chiamata di giudizio per voi stessi.

Tuttavia, qui ci sono diverse situazioni in cui la psicologia oscura potrebbe essere usata per aiutare qualcuno.

Convincere qualcuno a comprare qualcosa che è veramente meglio per loro

Anche se può essere più facile pensare che le persone abbiano sempre in mente i loro migliori interessi, non è sempre così. A volte, le persone staranno per prendere decisioni rischiose che avranno un impatto su di loro per una quantità significativa di tempo, e in quei casi, potreste utilizzare le vostre tecniche persuasive e la capacità di costruire un rapporto con facilità al fine di convincere qualcun altro che stanno prendendo una decisione sbagliata.

Per esempio, immagina che la tua amica abbia deciso di comprare un'auto sportiva per la sua famiglia. Tuttavia, la vostra amica è una madre single con un neonato - dove monterà il seggiolino? Puoi vedere che la decisione non ha senso, ma non riesci a convincere la tua amica che sta prendendo la decisione sbagliata fino a quando non tiri fuori I principi persuasivi per convincerla gentilmente a fare qualcosa che è nel suo interesse.

Aiutare qualcuno a superare un attacco di panico

Come già brevemente introdotto in precedenza, si può usare il linguaggio del corpo per eliminare in qualche modo gli attacchi di panico. Tuttavia, questa non è sempre la cosa più facile da fare quando si è nel panico. Se vedete un amico che sta avendo un attacco di panico, è molto più facile per voi andare da lui e chiedergli se ha bisogno di aiuto perché sarete in grado di aiutarlo. Puoi iniziare a rispecchiare il tuo amico quasi immediatamente e iniziare a incoraggiare il rispecchiamento da parte sua. La sua frequenza cardiaca dovrebbe rallentare mentre la sua respirazione si regola alla tua, e lui dovrebbe cominciare a calmarsi relativamente in fretta.

Presentarsi in modo corretto ad un colloquio

Se stai andando a un colloquio, puoi essere ben consapevole che i nervi che accompagnano quel viaggio iniziale e la camminata possono essere incredibilmente intimidatori. Tuttavia, sapendo come affrontarlo al meglio, sarete in grado di combattere l'impulso di correre o fare qualcos'altro di distruttivo. Potete usare la vostra capacità di leggere il linguaggio del corpo e di modificare il vostro per assicurarvi di poter rispondere alle azioni del vostro intervistatore in modo efficace.

Fare il genitore ai bambini in modo efficace

I bambini sono notoriamente difficili da sopportare, specialmente durante gli anni dell'adolescenza, quando pensano di sapere tutto. Naturalmente, non è così, e di solito, c'è una sorta di scontro o di disaccordo quando si cerca di tenere i ragazzi al loro posto. Quando questo accade, tuttavia, si può sempre fare in modo di usare la propria capacità di esercitare la psicologia oscura. In questo caso, si può fare in modo di usare la persuasione per convincerli davvero che le loro decisioni non sono particolarmente intelligenti e che possono farne di migliori, come ad esempio ascoltarvi.

Capitolo 5: Psicologia Oscura e la Mente

La psicologia oscura è così insidiosa perché prende di mira le menti inconsce degli altri, tentando di infiltrarsi e controllare completamente l'altra persona. Ci sono tecniche che coinvolgono la completa decimazione della precedente personalità che risiedeva nella mente di qualcuno e la cambiano, preparando l'individuo a seguire qualsiasi cosa l'utente della psicologia oscura voglia. Altre tecniche possono tentare di cancellare completamente la persona attraverso il lavaggio del cervello, distruggendola e creando un nuovo personaggio.

Naturalmente, non tutta la psicologia oscura è interessata a creare nuove personalità con perfetta obbedienza - alcune sono coinvolte semplicemente nell'influenzare le persone a fare qualcosa per loro. Tuttavia, tutte le forme di psicologia oscura hanno il potenziale per essere pericolose. Quando vengono usate in modi che sono intenzionalmente oscuri, possono causare seri problemi alla vittima.

Questo capitolo cerca di identificare e capire esattamente come la psicologia oscura interagisce direttamente con la mente, oltre a fornire alcuni esempi per vedere questo processo in azione. Comprendendo come la mente viene infiltrata e quanto profonda possa essere la psicologia oscura, potreste scoprire che ci penserete due volte prima di utilizzarla nella vostra vita o verso persone che conoscete e vi piacciono.

Come funziona la psicologia oscura

In definitiva, la psicologia oscura funziona in modo molto simile alla manipolazione: dovete essere disposti a prendere di mira prima di tutto qualcun altro senza remore.

Quando avete in mente un obiettivo, dovete anche essere in grado di dirigere i vostri sforzi in modo nascosto, permettendo all'intero processo di sembrare abbastanza rilassato o naturale.

Quando si gioca al gioco della psicologia oscura, si sta giocando una partita lunga, e non è insolito per le persone che usano la psicologia oscura passare mesi, o addirittura anni, a preparare la loro prossima vittima. Vogliono essere in grado di ottenere esattamente i risultati che vogliono o di cui hanno bisogno senza preoccuparsi di essere scoperti, e questo significa spendere abbastanza tempo per costruire tutto nel tempo.

La maggior parte delle volte, la gente farà di tutto per fare amicizia con la vittima. Fare amicizia con la vittima significa che il manipolatore spenderà il tempo necessario per iniziare a studiare la vittima per assicurarsi che sia effettivamente la persona giusta per il lavoro e per ciò che si vuole. Da lì, il manipolatore passa molto tempo a conoscere la vittima. Dopo tutto, la persona migliore per manipolare qualcuno è qualcuno di cui ci si fida. Non appena l'individuo è in grado di assicurarsi un posto nel gruppo di amici della vittima, viene subito considerato degno di fiducia. Con l'amicizia stabilita, il manipolatore è libero di iniziare la ricognizione.

Durante questo periodo, il manipolatore si preoccupa di ottenere dati che possono essere citati in seguito. Vogliono sapere perché vuoi le cose in un certo modo. Vogliono sapere cosa ti fa scattare e perché pianifichi la tua vita nel modo in cui l'hai pianificata. Più informazioni conoscono su di te, più è probabile che tu gli abbia dato una sorta di frammento importante che può essere usato in qualche modo.

Con la conoscenza di ciò che fa scattare la vittima, il manipolatore inizia il processo di manipolazione - all'inizio lentamente e poi aumentando il ritmo fino a quando la vittima è completamente incastrata con il manipolatore. Il manipolatore potrà allora cominciare a seminare idee e pensieri nella mente della vittima attraverso tecniche come la ripetizione, finché le idee non vengono assorbite e la vittima, completamente inconsapevole, crede che le idee siano state sempre sue.

Con il tempo, il manipolatore è in grado di installare tutte le stringhe desiderate nella vittima poichè essere in una posizione di fiducia significa che nulla verrà messo in discussione mentre si verifica. La vittima, dunque, accetterà semplicemente ciò che viene detto senza preoccuparsi di analizzare ogni singola dichiarazione per verificarne la veridicità.

Alla fine, le stringhe sono installate, e il manipolatore è libero di continuare come se nulla fosse successo, tirando la corda ogni volta che è necessario per ottenere ciò che vuole fare quando lo vuole.

Questo funziona principalmente perché l'individuo manipolato non si rende conto di esserlo. Ci sono momenti in cui l'individuo manipolato è consapevole della coercizione, come durante il lavaggio del cervello, ma per la maggior parte, il modo migliore per assicurarsi di poter manipolare con successo altre persone è assicurarsi che non sappiano mai cosa state facendo. Quando la vittima è all'oscuro, è molto più suscettibile.

La mente inconscia è sorprendentemente non protetta, ed è esattamente ciò che si prende di mira con questo processo. I pensieri vengono interiorizzati. Si costruiscono schemi. Alla fine, l'individuo comincia a cambiare nel tempo senza rendersi conto che sta accadendo fino a quando, improvvisamente, non riesce a capire come è cambiato o perché. Non pensano mai di puntare il dito contro il manipolatore perché sentono di potersi fidare di lui.

Esempio 1: Controllo mentale con la psicologia oscura

Immagina di conoscere questa donna con cui vorresti davvero avere una relazione romantica. Tuttavia, senti che a volte può essere un po' odiosa o fastidiosa, e vorresti che abbassasse i toni. Decidi che la perseguirai, ma vuoi anche assicurarti che lei abbassi i toni, e stabilisci un piano d'azione per te stesso per manipolarla essenzialmente per farla calmare ed essere un po' più sottomessa.

Cominci a conoscerla un po' meglio - ti assicuri di essere l'appuntamento perfetto e le dai tutto quello che vuole. La riempi di regali e ti assicuri che si senta sempre ascoltata. Stai ascoltando, ma stai ascoltando solo perché hai bisogno di armi da usare contro di lei in futuro. Forse lei accenna al fatto che ha avuto un'educazione povera e non è più in contatto con nessuna famiglia. Ha qualche amico, ma la maggior parte del suo tempo lo passa semplicemente tra il lavoro e la casa, dove vive con il suo gatto. Lei non ama molto i gatti ma è disposta a tollerarlo.

Con il tempo, ti guadagni la sua fiducia e, occasionalmente, menzioni quanto sia fastidioso avere a che fare con persone che sono più rumorose del necessario. Dici che trovi che le donne che devono avere l'ultima parola sono stridenti e odiose. Lei sembra leggermente offesa da questo, ma non succede nulla.

Dopo qualche settimana, notate che lei sembra calmarsi un po'. Non potete dire se è semplicemente stressata perché ha lavorato molto, o se sta cominciando a interiorizzare quello che avete detto. Quando è tranquilla, la elogi, dicendole che ti piace quanto sia attraente e gentile, e che è l'immagine perfetta della femminilità. Quando è troppo rumorosa per i vostri gusti, vi accigliate, ma non dite una parola.

Alla fine, lei è semplicemente più tranquilla. Non sembra interessata a smuovere la situazione e non dice nemmeno che qualcosa non va. L'hai effettivamente convinta a calmarsi semplicemente attraverso l'uso delle parole che infiltrandosi nella sua mente hanno installato quei pensieri di insicurezza che circondano l'idea di essere forte.

Esempio 2: Vendite con Persuasione Oscura

Immagina di vendere automobili per vivere. Il tuo lavoro ti piace abbastanza - sei bravo e tendi ad ottenere vendite abbastanza regolarmente. Tuttavia, hai studiato di recente e hai scoperto che se usassi i tuoi metodi per convincere l'altra parte che sei il migliore, avresti la possibilità di assicurarti che sia più propenso a comprare ciò che stai suggerendo. Tutto quello che dovete fare è affermarvi come esperti e lasciar cadere qualche suggerimento su come altre persone nella loro posizione hanno comprato l'auto che state cercando di vendere loro rispetto a quella a cui sono interessati.

Entrate un giorno e vedete che avete un appuntamento nel pomeriggio con qualcuno che è interessato a comprare un'auto nuova. Hanno specificato che volevano davvero un vecchio minivan nel messaggio che hanno lasciato sulla vostra macchina. Lo tieni a mente, ma guardando il prezzo, ti rendi conto che non ti farebbe guadagnare un bel bonus di commissione, e decidi che è il tentativo perfetto per usare le tue oscure tecniche di persuasione che hai letto di recente.

Loro entrano e tu li saluti immediatamente. Fate menzione del fatto che avete venduto auto negli ultimi dieci anni e che avete avuto lo stesso furgone a cui loro sono interessati, ma lo avete odiato. Si mettono in fila diversi problemi che si sostiene di aver avuto e poi li si reindirizza delicatamente verso un SUV più nuovo e, di conseguenza, più costoso. Ha ancora lo stesso numero di posti, ma la macchina più nuova ha più caratteristiche ed è più bella.

Sembrano resistere al suggerimento, ma dopo alcuni tentativi e dopo aver detto loro che avete avuto un incidente in quella macchina e l'airbag non ha funzionato, così come diversi altri commenti destinati a farli sentire insicuri nel furgone, finalmente cedono, anche se si può vedere che sono visibilmente a disagio con la quantità di denaro che finanzieranno.

In definitiva, hai ottenuto ciò che volevi: hanno preso l'auto perché alla fine hanno ceduto alla tua autorità sull'argomento. Tuttavia, nel forzare il punto, non sembrano particolarmente fiduciosi in voi come venditore, e non è probabile che otteniate un'altra vendita da loro in futuro, né è probabile che otteniate buone recensioni. La buona notizia, tuttavia, è che hai ottenuto il bonus che volevi.

Esempio 3: Manipolazione emotiva con la psicologia oscura

Ora, immaginate di aver deciso di tenere un discorso ad una raccolta di fondi. Hai davvero bisogno di fare abbastanza soldi per coprire il costo della raccolta fondi, e poi fondi da dare anche alla causa. Lo sai, e ti rendi conto che la quantità di denaro di cui hai bisogno è in realtà molto più alta di quanto sarebbe stata se avessi scelto di fare qualcosa di più semplice.

La causa per cui stai raccogliendo soldi è quella di aiutare a fornire cibo e riparo alle vittime di violenza domestica e ai loro figli piccoli per le vacanze. Avete fatto di tutto perché volevate creare una bella festa di Natale, ma ora vi rendete conto che l'asticella è stata posta molto più in alto. Dovete fare ancora più soldi. Pensandoci, vi rendete conto che il modo migliore per ottenere i soldi è quello di fare davvero appello alle emozioni.

Quando si fa appello alle emozioni, si fa effettivamente appello al senso di colpa delle persone per i loro soldi, facendole sentire come se fossero fortunate a non essere in una situazione piena di violenza e instabilità. Quando arriva il momento della raccolta di fondi, si fa leva sul senso di colpa, tirando fuori storie di persone che fuggono dalla violenza domestica e di come spesso se ne vadano senza soldi o beni oltre ai vestiti che hanno addosso.

Ci metti davvero il senso di colpa, e alla fine, ti capita di raggiungere la quota che ti serviva, tutto raccontando storie strappalacrime e esagerando sulle persone che hai aiutato di recente. Certo, alcune persone se la passano male come hai detto tu, ma non la maggior parte di quelle che hai aiutato di recente. Ciononostante, il risultato finale è perfetto per voi: avete avuto successo, e tutto si è bilanciato.

Capitolo 6: I Benefici della Psicologia Oscura

Infine, arriviamo alla fine del libro, e mentre arriviamo qui, sembra opportuno fermarsi con un breve discorso di ragioni per cui potreste usare la psicologia oscura in modi che non sono neanche lontanamente insidiosi come molti di quelli che sono stati discussi nel libro. Ricordate, mentre la psicologia oscura può essere basata sull'osservazione di come i tipi di personalità oscura predano le persone, non è tutto ciò a cui serve - è incredibilmente importante comprendere queste capacità e abilità. Dalla comprensione deriva la capacità di proteggere e prevenire, dopo tutto.

Tuttavia, dato che siete stati esposti a diversi usi malevoli di diverse di queste tecniche, esaminiamo l'etica della psicologia oscura, così come i benefici che ne possono derivare. La psicologia oscura non deve essere il concetto dannoso che è diventato a causa delle persone che l'hanno esercitata: potete recuperarla.

La psicologia oscura è cattiva?

Per la domanda da un milione di dollari: la psicologia oscura è il male? La risposta breve è: no. In realtà è neutrale. Non ha la capacità di essere buona o cattiva nello stesso senso in cui la gravità non può essere buona o cattiva - semplicemente è. Essendo una forza senza libero arbitrio, senza alcun modo di controllarsi, non può essere etichettata con un costrutto umano come il bene o il male. Tuttavia, questo non significa che sia necessariamente sicura, né che non possa essere usata in modi dannosi.

Mentre la psicologia oscura in sé non è malvagia, può essere usata da persone malvagie. Proprio come non è la pistola ad essere malvagia, ma piuttosto chi la impugna che determina quanto sia malvagia la situazione, la psicologia oscura è interamente alla mercé di chi la impugna. Se l'individuo che usa queste tecniche le usa per scopi malvagi, approfittando di queste tecniche per rubare e abusare, questo è il suo proprio fallimento, e non quello di nessun altro. Quel fallimento è qualcosa che dovrà affrontare per se stesso e per nessun altro, e questo è significativo.

Naturalmente, questo significa che è vero anche l'inverso: non può nemmeno essere veramente una forza buona. Anche se la psicologia oscura non può essere veramente buona, può essere usata in modi che sono benefici per le persone, e nel corso del libro, siete stati esposti a diversi esempi. È davvero un male influenzare qualcuno a comprare un'auto che servirà davvero meglio alla sua famiglia? È male influenzare qualcuno a non avere più un'ansia paralizzante all'idea di sostenere un esame finale? E nell'ipnotizzare qualcuno a non avere più l'insonnia? Sarebbe difficile trovare qualcuno che sostenga che qualcuna di queste decisioni sia stata cattiva o sbagliata, anche se tutte hanno usato tecniche comuni alla psicologia oscura.

Ricordate, poiché la psicologia oscura è stata studiata, le persone hanno ottenuto l'accesso alle menti dei predatori che sono capaci di molto più di quanto lo sia la persona media. La persona media non manipolerà e molesterà intenzionalmente la gente regolarmente - si farà gli affari suoi. Non ha alcun interesse a predare altre persone. Quindi, quella persona media potrebbe avere un uso per la psicologia oscura? Molto probabilmente! Può essere usata nei modi che sono stati discussi nel corso di questo libro, e questi possono essere utili letteralmente a chiunque interagisca con altre persone. Molte altre tecniche possono essere usate anche su se stessi. Potete ancorarvi per creare i vostri meccanismi di coping, per esempio, o potete scegliere di auto-ipnotizzarvi per aiutarvi a costruire la fiducia in voi stessi. Questi non sono malvagi.

In definitiva, che l'arte sia buona o malvagia, una cosa rimane vera: è tutto su come viene usata che determina quanto sia gradito il suo utilizzo.

Motivi per usare la psicologia oscura

Ci sono diverse ragioni per cui una persona può intenzionalmente imparare la psicologia oscura. Si può voler usare questi metodi per aiutare se stessi - forse si è stati vittime di un tipo di personalità oscura in passato e si vuole capire perché. Questa comprensione è inestimabile, e ottenere le ragioni per cui e come qualcuno è stato in grado di smantellare interamente e completamente la personalità di qualcuno può essere in qualche modo terapeutico. Nel capire come si è diventati vulnerabili, si possono rimuovere quelle vulnerabilità per capire come combatterle al meglio.

Alcune persone possono imparare la psicologia oscura per pura curiosità - siamo affascinati da ciò che ci spaventa. Dopo tutto, l'horror è un genere enorme nei film per una ragione! Si può scoprire che imparare come funziona l'interno della mente di un individuo malvagio è tanto affascinante quanto terrificante, e solo per questo motivo, si vuole continuare a leggere su come fanno quello che fanno.

Altre persone possono leggere semplicemente perché vogliono essere in grado di reagire. Quando si può riconoscere la psicologia oscura, si può impedire che sia efficace. Gran parte della psicologia oscura si basa sull'essere in grado di identificare le vulnerabilità e sfruttarle, e se si conoscono queste vulnerabilità e gli sfruttamenti comuni, si può semplicemente evitarli. Puoi evitare di cascarci e lavorare invece sul rafforzamento delle tue abilità per proteggerti.

In effetti, la psicologia oscura è incredibilmente flessibile, così come le tecniche. Le stesse tecniche che possono distruggere completamente qualcun altro possono anche essere usate in modi che effettivamente migliorano tutte le persone coinvolte. Possono costruire la fiducia in se stessi e l'autostima. Possono aiutare ad affrontare l'ansia e altri problemi di salute mentale. Possono rendervi più propensi ad avere successo nell'interazione con altre persone semplicemente perché avrete una migliore comprensione.

Soprattutto, sarete in grado di proteggere voi stessi con facilità. Sarete in grado di avere la pace della mente, grazie all'apprendimento della psicologia oscura. Come minimo, potrete riposare tranquillamente sapendo che i tipi di personalità oscura saranno molto meno propensi a tirarvi una fregatura semplicemente perché sapete cosa aspettarvi.

L'intuizione della psicologia oscura

Ora, mentre questo libro giunge finalmente alla fine, provate a pensare ai modi in cui la psicologia oscura e i segreti che racchiude possono avervi fornito un'intuizione. Cosa avete imparato sul mondo che non sapevate prima? Cosa sai della mente e di come funziona? Quali segreti hai imparato che sono inestimabili?

La psicologia oscura è abbastanza unica nel senso che ci apre la finestra per vedere attraverso gli occhi del narcisista, del machiavellico o dello psicopatico. Comprendendo come funzionano queste tecniche, si può vedere esattamente cosa spinge queste persone ad agire nei modi in cui lo fanno. Si può capire perché le persone vogliono comportarsi in questi modi e cosa ci guadagnano nel farlo.

Anche se voi stessi non vorrete mai manipolare gli altri, potreste scoprire che l'intuizione di capire perché è fondamentale, specialmente se siete nella posizione di guarire da una relazione con una di queste persone. Quando siete in grado di capire la mente dell'altra persona, potreste essere in grado di riconoscerla per quello che è veramente - disordinata.

Oltre a questo, però, l'intuizione fornita dalla comprensione della psicologia oscura ci permette di vedere cosa ci ha reso così vulnerabili alla sua presa in primo luogo. Sarete in grado di vedere esattamente perché questi problemi sorgono. Saprete cos'è che ognuna di queste tecniche gioca, e sapendo cosa usano, potrete capire come proteggervi da esse.

Considerate che la PNL influenza direttamente la mente inconscia. Quando sai che la mente inconscia è una delle parti della mente più comunemente attaccate quando si cerca di influenzare qualcun altro, puoi ricordarti di fare sempre autocontrolli, capendo perché fai quello che stai facendo in ogni momento. Puoi chiederti se i comportamenti che stai avendo in quel momento sono tuoi, o se sono comuni alle persone che di solito vengono manipolate. Puoi capire se il pensiero nella tua mente che ti sta guidando è tuo, o se ti sembra fuori luogo, o contraddittorio con un pensiero che sai di avere da sempre.

In effetti, quando sei in grado di riconoscere i processi di pensiero di te stesso in relazione alla psicologia oscura, puoi capire se sei stato manipolato in passato. Saperlo è fondamentale per riconoscere se sei effettivamente una vittima o se sei abbastanza proattivo da evitare del tutto la vittimizzazione.

Ciò che è vero, nonostante l'intuizione che avete acquisito, tuttavia, è che, avete guadagnato la conoscenza. Avete la conoscenza di ciò che è possibile nel mondo. Avete la conoscenza della mente e di alcuni dei suoi segreti. Avete la conoscenza dei predatori di cui forse non siete mai stati a conoscenza nella realtà. Questo è inestimabile. La conoscenza è potere, e se potete esercitare questo potere con coraggio e fierezza, sarete in grado di proteggere voi stessi.

Conclusioni

Congratulazioni! Questo ci porta alla fine di I Segreti della Psicologia Oscura. Speriamo che, leggendo, abbiate trovato il contenuto avvincente, interessante, informativo e facile da seguire. Con cura, questo libro è stato progettato per guidarvi attraverso il mondo della psicologia oscura.

La psicologia oscura è lo sguardo nelle menti degli umani più odiosi e mostruosi che esistano. Quando guardate nelle profondità della psicologia oscura, state guardando nelle menti di coloro che vogliono fare del male agli altri. I serial killer, i maestri manipolatori e gli abusatori possono condividere questi tratti, e questi tratti li rendono particolarmente pericolosi. Ciò che è peggio, tuttavia, è che queste persone capiscono la psicologia. Capiscono esattamente come devono interagire con le altre persone per essere visti come carismatici e affidabili abbastanza da conquistare un posto nel cuore delle loro vittime e obiettivi. L'utente di psicologia oscura è in grado di fare questo semplicemente sapendo come manipolare il suo bersaglio nel modo giusto.

Tuttavia, possono ferirvi e manipolarvi solo se gli date questo potere. Mentre leggete questo libro, forse la cosa più importante da fare è ricordare che la stessa psicologia oscura è neutrale, non è né buona né cattiva. Anche se i maneggiatori originali possono essere stati malvagi, questo non rende le loro armi intrinsecamente cattive. Ricordate che essere in grado di capire la psicologia oscura vi concede un accesso speciale alla mente di qualcun altro e dovreste sempre essere attenti a come usate questo accesso. Non dovreste abusarne in alcun modo.

Infine, ricordatevi di mantenere sempre etico il vostro uso della psicologia oscura. Chiedetevi sempre se avete davvero bisogno di attingere alla mente di qualcun altro. Chiedetevi se l'altra persona è il principale beneficiario se vi capita di attingere alla sua mente. Chiedetevi se sarà felice dei risultati finali del vostro attingere alla sua mente. Se potete rispondere che ne trarrà un beneficio significativo e che lo apprezzerà, allora può essere un momento accettabile per usare le vostre arti.

Tuttavia, mentre questo libro volge al termine, vi starete chiedendo cosa viene dopo. In definitiva, questo dipende da voi. Avete imparato alcune delle basi della psicologia oscura. Volete imparare di più sugli utenti naturali? Volete imparare a combatterli? Volete imparare come diventare un utente migliore? Qual è il vostro obiettivo finale?

Non importa quale sia questo obiettivo, potresti scoprire che ci sono diverse opzioni da perseguire da qui.

Mentre affronti il prossimo capitolo del tuo viaggio, buona fortuna. Speriamo che abbiate trovato ciò di cui avevate bisogno in questo libro, e che troverete ciò di cui avrete bisogno anche in futuro.

9 781802 250718